LA

MARIANNE

DANS LES CAMPAGNES

PAR F. RÉMI (DE L'YONNE)

AUXERRE,

LIBRAIRIE ALBERT GALLOT, IMPRIMEUR-ÉDITEUR

47, RUE DE PARIS, 47

—

1881

LA MARIANNE

DANS LES CAMPAGNES

LA
MARIANNE
DANS LES CAMPAGNES

PAR

F. RÉMI

(de l'Yonne).

AUXERRE

ALBERT GALLOT, IMPRIMEUR-LIBRAIRE,

Rue de Paris, 47.

1881

LA MARIANNE

DANS LES CAMPAGNES

I.

L'origine des sociétés secrètes se perd dans la nuit des temps. Au pays des Pharaons, sur les bords du Nil, il y a des milliers d'années, les prêtres d'Egypte ne transmettaient qu'à leurs adeptes, les secrets de leur religion. La Grèce et Rome, avaient aussi leurs mystères religieux. De nos jours, les sociétés secrètes ont eu pour but principal, la réforme ou le renversement des mauvais gouvernements.

Aux époques de transition politique, quand la tyrannie persiste à lutter contre la civilisation, et à persécuter la liberté, les sociétés occultes sont un moyen efficace de miner le despotisme, et de renverser l'oppression. La France, l'Italie, l'Allemagne ont eu leurs organisations secrètes, et quelques-unes de ces sociétés, célèbres dans l'histoire, ont joué un rôle important.

Sous le premier Empire, et sous la Restauration, les sociétés les plus remarquables ont été: les Philadelphes, les Carbonari, le Tugenbund en Allemagne, les Faucheurs en Pologne, l'Epingle noire, la Régénération universelle: Aide-toi, le ciel t'aidera.

Après la révolution de Juillet 1830, beaucoup de sociétés secrètes se fondèrent; celle qui réunit tout le parti républicain en un faisceau, fut la société des Amis du Peuple, dont faisaient partie Godefroy Cavaignac, Guinard, Blanqui, Raspail, Delescluze, etc. Aucune formule mystérieuse n'était nécessaire pour être affilié à cette société. Ce furent les Amis du Peuple, qui organisèrent le bataillon qui partit pour la Belgique, à l'effet d'appuyer le mouvement insurrectionnel qui venait d'éclater. Vers 1832, la société des Droits de l'Homme se forma des débris de celle des Amis du Peuple, et prit une part active dans l'insurrection de Lyon, et dans celle qui, à Paris, se termina par le massacre de la rue Transnonain.

Après la dispersion des membres de la société des Droits de l'Homme, celle des Familles fut fondée par Blanqui, Barbès et Martin-Bernard. Cette fois, l'élément populaire vint grossir les rangs de cette société, organisée plus habilement, et avec plus de mystère que la précédente.

Après la découverte de la fabrique de poudre, de la rue de Lourcine, la société des Familles, poursuivie et dispersée par la police, fit place à celle des Saisons. Ledru-Rollin, Flocon, Louis Blanc, Caussidière, Lagrange, Sobrier, d'Alton-Shée, firent partie de cette société, qui prépara activement le mouvement qui produisit la révolution de 1848.

Le triomphe de la République n'étant point encore assuré, sous l'impulsion de Ledru-Rollin et de Delescluze, la *Solidarité républicaine* s'organisa dans une partie de la France. La réaction, redoutant l'influence démocratique de cette société, la poursuivit en 1849, et fit condamner nombre de ses membres, dans beaucoup de départements. La *Solidarité* n'en constitua pas moins le noyau du parti républicain ; elle fut remplacée dans les départements du Sud-Est, par la *Monta-*

gne, qui se livra à une propagande aussi active que féconde. Des journaux de province furent créés par actions de 4, 10 et 15 francs. C'est ainsi que virent le jour : le *Démocrate du Var*, l'*Indépendant des Alpes*, le *Républicain*, le *Radical de Lot-et-Garonne*, l'*Aveyron républicain*, le *Réformateur du Lot*, le *Républicain de la Dordogne*, etc. Sous le nom d'actionnaires, les républicains se groupaient autour de ces journaux. Les villes avaient fondé des cercles, tels que le Cercle démocratique, le Cercle des Travailleurs, le Cercle national, le Cercle philantropique, etc. Tous ces centres étaient des foyers ardents de républicanisme. De son côté, la *Marianne*, sentinelle vigilante des campagnes, se livrait dans le Midi et au centre de la France à une propagande républicaine aussi active que périlleuse.

Aujourd'hui, les conspirations mystérieuses semblent avoir fait élection de domicile dans le nord de l'Europe. L'Allemagne socialiste conspire sourdement contre sa vieille monarchie autoritaire. En Russie, le Nihilisme est répandu dans toutes les classes de la société, et a pour but la réforme du gouvernement personnel, l'émancipation complète des serfs, et l'établissement de réformes sociales radicales. Fonctionnaires publics, magistrats, soldats, instituteurs, bourgeois, paysans, font cause commune avec les réformateurs, et sont affiliés à cette vaste organisation secrète qui, par ses audacieuses et terribles entreprises, tient le gouvernement russe en échec.

La Franc-maçonnerie est à peine une société secrète. Fondée depuis des siècles, dans un but libéral et philantropique, elle a toujours favorisé le progrès, et a, plus d'une fois, aidé aux transformations politiques.

Au contraire, la Société de Jésus est une société archi-secrète. Cette *Internationale noire*, fondée par Ignace de Loyola, pour tuer le libre arbitre, oblitérer la raison et abêtir l'humanité, a toujours conspiré contre la liberté et le progrès. Rusée, audacieuse et hypocrite, la société de Jésus exploite de prétendus intérêts du Ciel, au profit de ses intérêts mondains. Son réseau invisible et à mailles glutineusés, s'étend partout à la faveur des ténèbres et de l'ignorance. Elle fomente la division, les haines sociales, et propage la superstition, afin d'établir son règne funeste et morbide, sur les ruines de la science et des chefs-d'œuvre de l'esprit humain.

II.

En 1848, notre pauvre pays aveugle, et encore fasciné par le nom de Napoléon, confia ses destinées à son neveu, conspirateur par nature, par goût et par profession ; c'était la certitude d'un coup d'Etat, à courte échéance. Nous sentions cela, nous, les moins moutons du troupeau ; si l'empire se rétablit, pensions-nous, c'est le prélude de la guerre civile, de la guerre étrangère, ou de quelques autres catastrophes sans parler des persécutions à l'intérieur.

Fallait-il laisser faire, abdiquer ses opinions, et voir avec indifférence la France se précipiter vers les abîmes ?

Pour les hommes de cœur, point d'hésitation, il fallait lutter ; mais comment ? On n'avait pas le choix des moyens, et la partie était inégale.

Récapitulons la situation.

La République, œuvre des modérés, en donnant une liberté limitée à tous, avait gratifié ses ennemis de celle de la miner, de la combattre et finalement de la détruire. Quand on a une bergerie pleine de moutons, désarme-t-on le berger, musèle-t-on les chiens, et ouvre-t-on la porte au loup? C'est pourtant ce qui se fit contre la République en 1848; voyons plutôt.

La liberté d'association, accordée en partie au travail, avait été tout à fait refusée à la politique, témoin la *Solidarité*, qui fut alors poursuivie jusque dans la représentation nationale; conséquence: Les républicains, défenseurs de la Constitution établie, ne pouvaient ni se réunir, ni s'associer, ni propager leurs principes, sans être sous le coup de poursuites judiciaires.

Tel était le lot des républicains. Quant à leurs ennemis, les moyens ne leur manquaient pas, et ils étaient armés jusqu'aux dents.

La réaction, qui commença à relever la tête, dès le lendemain de février, marcha bientôt d'accord avec le gouvernement lui-même, qui, clandestinement, tournait la manivelle de la centralisation administrative, en sa faveur. Sur tous les points du territoire, les fonctionnaires publics faisaient en secret, et même ostensiblement, la chasse aux républicains.

Jésuites et cléricaux, n'y allaient pas de main morte; ces glorificateurs intéressés des douleurs humaines, savent manier l'intrigue et la délation, et sont de fins experts en sociétés secrètes.

De son côté, la fameuse société bonapartiste du dix décembre était à l'œuvre; bien qu'autorisée et favorisée par le gouvernement, elle se recrutait secrètement. Formée d'abord des huit mille coquins de M. de Lasteyrie, bientôt elle embaucha en province les brâillards et les piliers de cabaret; la mission de ces autres coquins, était d'insulter publiquement et de menacer les démocrates.

La société anti-socialiste, qui trouvait des adeptes dans la petite bourgeoisie peureuse, fonctionnait aussi discrètement, mais avec le plus grand zèle.

L'armée était travaillée comme le reste, on l'a bien vu à Satory.

Quant à la liberté de la presse, proclamée comme toujours par la constitution, voici de quelle manière on l'entendait : à Paris, les seuls journaux de la réaction se vendaient par privilège dans les rues, et préparaient par la calomnie des personnes, le travail de démolition des principes.

En province, remettait-on un journal ou un almanach républicain à un ami, on était poursuivi et condamné à une forte amende (1).

Pour nous dédommager, il ne nous restait que les petits écrits de la rue de Poitiers ; ces opuscules du parti de l'ordre, circulaient gratuitement ; c'était comme la multiplication des pains, personne n'en manquait ; or, ces écrits étaient pour la plupart si sottement rédigés, que nous trouvions moyen d'en tirer parti au profit de la propagande républicaine.

Enfin, en l'année de grâce 1850, on était arrivé en France au degré de liberté suivant. Presque dans chaque canton, une kyrielle de rapports secrets étaient transmis chaque mois, à l'autorité supérieure :

1° Rapport du juge de paix, au procureur de la République ; 2° Rapport du brigadier de gendarmerie à son chef ; 3° Rapport du maire (quand c'était un réac),

---

(1) M. Dethou, malgré l'habile plaidoirie de M. Marie, s'est vu condamner à 600 francs d'amende et aux frais, simplement pour avoir déposé un almanach démocratique sur la tablette de la cheminée d'un de ses fermiers, au Carbon, près Champcevrais.

au préfet; 4° Rapport du commissaire de police à son supérieur; 5° Rapport de l'employé qui visait à de l'avancement; 6° Rapport du curé à son évêque; 7° Rapport du mouchard à je ne sais qui; 8° Rapport officieux du châtelain peureux.

Tous ces rapports se croisaient et se corroboraient les uns les autres; c'était un vrai salmis de dénonciations!

Ah! le bon temps pour les républicains! comme la réaction surveillait leurs pas et leurs démarches; une bonne mère n'en aurait pas fait plus pour ses enfants. Certes mon dossier devait être volumineux.

III.

Contre tant d'ennemis coalisés, avoués et cachés, contre tant de béliers liberticides, étayés de la richesse, du pouvoir, du savoir, et manœuvrés par l'astuce, la fourberie et l'ambition, trinité de l'esprit du mal, ne formant qu'un démon dans la personne de Bonaparte, que pouvaient opposer les descendants de Jacques Bonhomme, les malheureux républicains des campagnes, — hommes nouveaux en politique, pleins de bonne volonté, mais pour la plupart pauvres et ignorants, toujours sous l'influence des grands propriétaires, et encore pleins de préjugés religieux? Se disaient-ils républicains, ils perdaient leur travail; s'associaient-ils publiquement entre eux, ils étaient jetés en prison, comme traîtres à la République.

La critique et les injures ne nous ont point été épargnées; nous avons été condamnés même par des amis, adversaires déclarés de toute société secrète. Qu'on y fasse bien attention toutefois, la position était exceptionnelle. La République, menacée par les criminelles intrigues de son président, devions-nous la laisser tuer? Devions-nous lâchement rester spectateurs paisibles du grand drame liberticide que Bonaparte préparait? ou au contraire, devions-nous par tous les moyens possibles, chercher à prévenir le triomphe du mal? Or les moyens d'opposition étaient peu nombreux, et pas un n'était légal.

Pour défendre le droit et la Constitution, que devions-nous faire alors? Voici ce qui a été fait.

La *Solidarité*, fondée pour la défense des principes républicains, ayant été déclarée illégale, par le pouvoir qui avait juré de faire triompher ces principes, quelques hommes de cœur et de prévoyance, prirent la résolution de continuer la nuit, le travail qui leur était interdit le jour. Ainsi, en plein dix-neuvième siècle, en pleine France et en pleine République, les démocrates se sont vus obligés d'avoir recours à la propagande secrète, pour défendre la constitution, la loi fondamentale du pays.

Le foyer central fut d'abord établi à Lyon. Ce foyer ne put, bien entendu, rayonner également de toutes parts, la propagande secrète ressemblant à l'éclair qui décrit des zig-zags, ou à l'incendie d'une forêt, dont le feu court de préférence, dans la direction des matières inflammables.

Il faudrait un gros volume, pour raconter les péripéties de cette propagande dans ses commencements; j'abrégerai donc, pour arriver plus tôt à l'approche du coup d'Etat.

Dans l'automne de 1851, après un travail d'environ deux années, la Marianne pouvait nombrer ses adeptes par centaines de mille; quelques départements en comptaient sept ou huit mille. La société s'étendait dans la plus grande partie du Midi, principalement

dans les départements voisins du Rhône, dans l'Hé-
rault, le Var, etc. Au centre de la France, elle couvrait
la Nièvre, une partie du Cher et de l'Indre, et touchait
à l'Yonne et au Loiret qu'elle commençait à entamer.

Maintenant, jetons un coup d'œil sur la stratégie. —
Prenons une carte de France, et examinons les voies
de communication; mais comme la gendarmerie che-
vauche sur les routes, voyons plutôt les voies navigables. Voici d'abord le cours du Rhône vers la Méditer-
ranée, le cours de la Loire vers l'Océan; ces deux
fleuves sont reliés entre eux et à la Seine par les canaux du Centre, de Bourgogne, du Nivernais, de Briare
et d'Orléans. Notez en passant qu'un bateau qui navi-
gue sur un fleuve ou sur un canal, ne peut être suivi à
la piste par les commissaires et les gendarmes, et vous
aurez bien vite une idée du parti qu'on peut tirer des
voies navigables. Je passe sous silence et pour cause
les détails.

Voulons nous connaître l'action des sociétés secrètes
avant le coup d'Etat, levons un coin du voile qui recouvre ce monde mystérieux.

Parlons d'abord des corvées fatigantes dévolues aux
enfants de la Marianne: courses à travers les départements, pour relier entre eux chefs-lieux, sous-préfec-
tures et cantons; marches et contre-marches pour éviter les mouches, et établir des alibis. Réceptions et réunions de nuit, qu'il fallait tenir loin des villes et des
villages, au fond d'un bois, d'une carrière, d'un préci-
pice ou d'une marnière, dans un four à chaux, et quel-
quefois dans un bateau, sur un canal ou sur une rivière.

Les secondes expéditions qui vous arrachaient de
votre lit à minuit, quand à peine vous veniez de
vous y mettre, de retour d'une première tournée.

Si la pluie tombait, c'était tant mieux, la police a la peau trop douce pour affronter le mauvais temps. J'ai vu des réceptions se faire à ciel ouvert, par une pluie battante, et chacun rentrer chez soi trempé jusqu'aux os.

S'agissait-il de sortir du canton, il fallait, pour éviter les routes, traverser des fourrés et des haies presqu'impénétrables, faire plusieurs lieues à pied, par les nuits les plus noires, dans les chemins défoncés, et revenir avant le jour à la maison, avec des jambes en sang, et des habits couverts de boue ou en lambeaux.

Les enfants de Marianne, dans les campagnes, n'avaient donc pas toutes leurs aises, et la propagande leur rendait la vie dure. Travail de nuit pour la République, travail de jour pour le pain quotidien. Je suppose que dans les grandes villes, les tribulations étaient d'un autre genre. Qu'on le sache bien, le paysan n'est pas facile à convertir ; mais d'une nature franche, une fois qu'i' a l'amour du bien public en tête, peines, fatigues, sacrifices, rien ne coûte à son dévouement.

Ceux qui conspiraient pour renverser la Constitution étaient exempts de toutes ces tribulations ; sous le masque de l'ordre, non seulement tout leur était permis, mais leurs agents étaient soutenus et récompensés, leurs menées contre la République, au lieu de les compromettre, leur attiraient les faveurs du pouvoir et des gros propriétaires. Rien d'agréable en effet comme de conspirer dans les châteaux, surtout à table, quand le champagne pétille, et que la police n'est point à la porte ; dans ces fameux repas, on ne se gênait guère pour parler devant les domestiques ; nous en savions quelque chose. Un jour, un jeune abbé de ma connaissance s'écria joyeusement au dessert : » Les Français méritent d'être fouettés, il leur faut un maître... » Ces

petites aménités après boire, nous donnaient un avant-
goût de ce que nous réservaient les cléricaux... Quoi
d'étonnant, si nous nous préparions à leur résister?

Si la trame contre-révolutionnaire s'ourdissait à son
aise, si les riches ennemis de la République expédiaient
leurs messages par un domestique à cheval ; nous, défenseurs de la loi, nous étions moins bien partagés ;
non seulement nos courses étaient prises sur nos nuits
de repos, mais une lourde responsabilité pesait sur
nos têtes ; il fallait en outre avoir recours à toutes
sortes de subterfuges, pour motiver les absences du
foyer domestique ; c'était tantôt une partie de chasse
ou de pêche, un rendez-vous d'affaires, le besoin d'aller au marché, à la foire, etc. Pour les absences de
nuit, beaucoup étaient grondés par leurs femmes,
comme revenant du cabaret ; ils laissaient croire. On
voit donc que non seulement il fallait tromper la vigi-
lance de la police, mais encore se cacher de sa famille
et de ses amis.

Quelques anecdotes illustreront mieux la situation
dans laquelle la France se trouvait à cette époque, situation qui présentait à la fois le spectacle d'une tranquillité profonde à la surface, et celui d'un travail
souterrain, ardent et sans relâche, prélude d'une lutte
terrible entre deux mondes. Le lecteur pourra juger
ainsi du courage, de l'abnégation et de la tactique in-
telligente de la démocratie de province, militant dans
l'ombre ; fait presque sans précédent dans l'histoire,
et qui rappelle les luttes du protestantisme et la vie
de sacrifice des premiers chrétiens, alors qu'il s'agissait pour eux non seulement d'une réforme religieuse,
mais aussi d'une rénovation sociale.

IV.

Parcourons donc les champs et la ville, la solitude et les endroits bruyants, tâchons de percer les ténèbres et glanons au hasard quelques épisodes.

Vers le milieu de novembre 1851, un rendez vous nocturne est fixé à deux kilomètres de la ville, au-delà d'une petite rivière; l'appel doit se faire à dix heures. Le pont est occupé par un gendarme; la police a vent de quelque chose, et voudrait surprendre une réunion. L'éclaireur vient nous avertir. A cette époque, la Marianne était mieux organisée que l'armée française en 1870; elle avait ses éclaireurs, et si les soldats de Bonaparte se sont toujours laissés surprendre par l'ennemi, nous, nous avons su nous garer de la police. Il fallait pourtant passer cette petite rivière; on descend un peu plus bas, et sans se faire prier, deux vigoureux gaillards se déshabillent aussitôt, et le passage s'effectue ainsi à dos d'hommes. La rivière était assez profonde, l'eau froide, mais pas assez pour refroidir l'ardeur de ceux qui sont mus par le sentiment du devoir.

Transportons-nous maintenant dans un chef-lieu de canton du centre de la France. Une réunion générale est convoquée; il s'agit de s'y rendre, c'est-à-dire d'être plus fin que la police et de faire la queue au juge de paix, au commissaire, aux gendarmes et au mouchard.

Comment faire ?

On sait que le juge de paix va en soirée.

Cinq ou six jeunes gens traversent la grand'rue, en chantant des chansons patriotiques; ils se dirigent sur la route opposée à la réunion, et sont bientôt suivis par deux ou trois gendarmes.

Une querelle survient dans un cabaret entre deux prétendus ivrognes, le cabaretier fait mander le commissaire de police.

Un voisin du mouchard le régale dans un café.

Le gendarme de planton est suivi à distance par un des renards de la Marianne.

Un dernier gendarme reste à la caserne, c'est un jeune homme; fort bien, sa bonne amie en aura soin.

Toute cette tactique, qui prouve la finesse des campagnards, avait pour résultat de former une contre-police, qui tenait la police officielle en échec, et laissait à Marianne presque carte blanche.

Dirigeons-nous maintenant vers une de ces petites communes rurales, qui s'animent et prennent un air joyeux une fois par an, le jour de la fête patronale. Descendons la colline. Entendez-vous le tambourin, la clarinette, la musique champêtre? Mille cris confus et bruyants s'élèvent en l'air; c'est la Saint-Jean, la fête du village! On y vient en promenade de tous les environs; voyez, on danse sous les grands arbres. Boutiques, baladins, charlatans abondent; les bons gendarmes tirent gravement des allées à travers la foule. Avançons et tâchons de surprendre quelque chose.

Nous retrouvons là le brave père Portier, le repasseur de couteaux. Tout le monde sait que son chien est démocrate et qu'il refuse de tourner la roue pour Bonaparte, Chambord ou les d'Orléans; sur un signe de son maître, l'intelligent animal tourne pour la République et tous les spectateurs battent des mains. Mais qu'a-t-il donc au cou? Dieu me pardonne, c'est une médaille de Pie IX! Que voulez-vous, le père Portier n'a pas la foi, et il n'en rougit point.

Avançons, peut-être verrons-nous quelque chose de

plus sérieux.... mais non il n'y a que des promeneurs, des buveurs, des faiseurs d'emplettes.

Approchons des danses; comme la jeunesse s'en donne. Quelle gaieté! Quel entrain! Voici des entrechats à rendre jaloux le roi David lui-même. A la vue de cette scène animée on pouvait dire : décidément le quadrille bat la politique à plate couture. Un Anglais de passage aurait ajouté: c'est bien là le Français, il ne pense qu'au plaisir et ne songe à rien de sérieux. Un vieux percepteur, bon à démonétiser, partageait cette opinion, car s'adressant au brigadier qui se tenait à côté de lui, les bras majestueusement croisés sur la poitrine : dites-donc voisin, lui dit-il, j'aime à voir ces jeunes gens faire danser ces paysannes ; ça rappelle le bon vieux temps, et ça vaut mieux pour eux que de s'occuper de politique. — Sapristi, je crois bien, répond le brigadier, que ça vaut mieux, ensuite c'est moins pénible pour nous.... S'ils avaient eu des yeux, ces vieux piliers du vieux monde, ils eussent pu voir que ces jeunes gens, si animés à la danse, se faisaient de l'œil. En effet, après chaque quadrille, une couple de jeunes gaillards s'éloignaient : à l'entrée de la garenne ils recevaient des instructions, puis disparaissaient sous la feuillée; une demi-heure après, la boutonnière ornée d'une rose, ils revenaient se mêler avec un nouvel acharnement, au tourbillon de la valse.

En cas de danger, la clarinette, du haut de son estrade, aurait donné l'alarme, par un « couac » formidable convenu d'avance.

Beaucoup de jeunes gens se trouvaient ainsi initiés en plein midi, au nez et à la barbe de dame police qui n'y voyait goutte.

D'une fête de village, transportons-nous dans un

chef-lieu de sous-préfecture. Allons au théâtre, les jeunes gens de la ville, transformés en troupe d'amateurs, donnent une représentation au profit des pauvres ; la salle est comble. La petite aristocratie, la bourgeoisie, le commerce occupent les premières places. Après le premier acte de « Bruno le fileur, » la toile baisse au bruit des applaudissements. Pendant l'entr'acte, les conversations vont leur train. Que de mal ces jeunes gens ont dû se donner pour s'acquitter ainsi de leur rôle, dit un honnête libraire ; c'est vrai, répond une vieille marchande bien pensante, j'en sais quelque chose par mon fils, qui passe les nuits à apprendre les siens, et qui va souvent le soir aux répétitions ; mais j'aime mieux cela que de le voir fréquenter un tas de mauvais sujets, avec qui il ferait de la politique.... La dame n'avait certainement pas achevé que son fils, qui ne devait point figurer dans l'acte suivant, était sous le théâtre même, au fond d'un petit réceptacle, occupé avec quelques autres acteurs, à donner le baptême à un commis-voyageur. Le brave jeune homme avait donc eu le temps, non-seulement de s'occuper ouvertement de comédie, mais encore de faire de la politique en cachette.

Pauvres mères ! hélas ; vous ne connaissez plus vos enfants.

Du théâtre passons à la foire.

Un jour de foire, des amis me mandent à une auberge, j'accours ; on me fait entrer dans une grande salle, où se trouvaient réunis une trentaine d'hommes et une femme tous attablés, partageant un repas commun. Ces gens étaient peut être de vingt pays divers ; j'en connaissais à peine quelques-uns, et pour la plupart, ils étaient inconnus les uns aux autres. Comment se trouvaient-ils ainsi réunis ? Leurs affaires

terminées, les paysans vont d'habitude dîner à l'auberge, avant de retourner chez eux. L'aubergiste étant de la société, avait tout naturellement fait entrer dans une salle séparée, les enfants de Marianne qu'il avait pu reconnaître en leur serrant la main.

Et dire que la police n'a pas mis la main sur ce nid de paysans-mariannistes! non, cette dame n'était point dans nos confidences.

Ce qui se passa là, pendant et après le repas, il eut fallu en être témoin, pour se figurer avec quelle avidité, tous ces gens à l'esprit simple et au cœur droit, dévoraient les paroles de l'évangile de justice. En vérité, je vous le dis, vous n'avez point connu ces paysans-là, et vous ne vous êtes jamais douté de leur valeur, ni de leur bonne volonté.

Les réceptions se faisaient dans les endroits les plus secrets, les plus déserts. Veut-on une idée de ces réceptions? Voici le simple et véridique récit de ma propre affiliation.

Le rendez-vous est fixé à minuit, au fond d'un bois, près de l'étang de Moutiers, canton de Saint-Sauveur (Puisaye), à huit kilomètres de ma résidence. Je pars à pied avec un rentier, un bûcheron, un menuisier, un propriétaire, un maçon et un perruquier. Après deux heures de marche dans la nuit noire, nous rencontrons sur la route un voyageur qui venait à nous. — Quelle heure est-il? dit le voyageur en nous arrêtant. — L'heure approche. — Quelle heure est-il? — Minuit. — C'est bien, citoyens, je vous reconnais, suivez-moi.

Nous quittons la route, notre guide nous conduit par un petit chemin à gauche, et nous arrivons à l'entrée du bois. Un coup de sifflet retentit; deux hommes se présentent, ils sont armés chacun d'un fusil à deux coups. Nous entrons dans le bois. Bientôt un second guide débouche du fourré, et s'adressant à l'un de nous : Citoyen, lui dit-il, venez de ce côté. Mon tour arriva le quatrième. Je suivis le nouveau guide pendant quelques minutes, à travers un taillis épais, puis il m'arrêta au milieu des ténèbres, et me banda les yeux. Aussitôt deux mains me prennent à droite et à gauche, et me font avancer encore ; enfin on fait halte. Je reste seul ainsi debout ; aucun bruit ne trouble le calme de la nuit, l'instant est solennel. Soudain j'entends ces paroles prononcées lentement, distinctement, mais d'une voix sourde.

« — Citoyen, es-tu républicain ?

Je réponds :

« Oui citoyen !

« — Veux-tu la République démocratique ?

« — Oui, citoyen.

« — Citoyen, la République démocratique, c'est le
« gouvernement d'un peuple libre. Notre but est la
« revendication des droits de l'homme. Nous voulons
« que la science détruise la superstition ; nous vou-
« lons liberté pour tous, instruction pour tous, bien-
« être pour tous, en un mot nous voulons la justice
« par la solidarité. Veux-tu être avec nous ?

« — Oui, citoyen.

« — Es-tu prêt à défendre la Constitution, si elle
« est attaquée, et à combattre pour la République dé-
« mocratique.

« — Oui, citoyen.

« — Es-tu prêt à faire des sacrifices, à travailler et
« à souffrir pour la bonne cause, la cause du peuple ?

« — Oui, citoyen

« — Es-tu prêt à secourir tes frères et à les soula-
« ger dans leurs besoins ?

2

« — Oui, citoyen.

« — Jure-donc fidélité à la République, et dévoue-
« ment au peuple, jure donc que tu garderas notre se-
« cret. Lève la main.

« — Citoyen, je le jure !

« — Citoyen, procure-toi des armes, et sois prêt au
« premier appel. Nous pouvons marcher sans crainte,
« nous ne sommes point pour l'attaque, mais pour la
« défense. La République est menacée ; en vertu de
« la Constitution, nous devons la défendre, même les
« armes à la main. Nous sommes les défenseurs de la
« loi ! »

A cet instant le bandeau me tomba des yeux, et je
me trouvai en présence de la décurie de réception.
Deux pointes d'épées étaient dirigées contre ma poitrine; nous étions au pied d'un chêne magnifique;
trois lampes reposant sur la mousse illuminaient cette
scène, chaque lampe éclairait un portrait; j'ai re-
connu ceux de Ledru-Rollin, Barbès et Louis Blanc.
Les membres de la décurie me donnèrent l'accolade
fraternelle, je pris place à côté des nouveaux reçus,
puis l'on procéda à la réception des deux autres.

Ces réceptions, en elles-mêmes, avaient une physio-
nomie plutôt rurale que farouche, et ne rappelaient
que de très-loin l'appareil formidable et tragique des
anciennes sociétés secrètes, telles que la *Carbonari
italiana*, par exemple, dont Louis Bonaparte était
membre, ainsi que M. Buchez, et notre ancien ambas-
sadeur près du Vatican, M. de Corcelle, l'un des fon-
dateurs de la *Haute vente de Paris*, en février 1821,
société secrète excommuniée par le Pape, et qui prépara les insurrections de Belfort, de Saumur, etc.

V.

La société se divisait en décuries ; dix décuries formant une centurie.

Rappelons l'élection d'une centurie.

Descendrons-nous dans une marnière, ou dans une mine ? c'est tentant, ce mystérieux rappelle les catacombes ; toutefois, retournons au bois, c'est moins dangereux, si la police vient nous décamperons.

La salle d'élection est à plusieurs kilomètres de la ville, près de Saint-Privé ; cette salle est formée par une excavation en forme d'entonnoir, et recouverte d'une magnifique voûte de verdure, dont les colonnes sont des arbres de toute beauté, et à travers laquelle scintillent les lustres du firmament.

Perchons nous sur un hêtre, regardons et écoutons. Minuit sonne dans le lointain ; tout à coup la salle commence à s'éclairer, des chandelles sont suspendues aux arbustes ; on entend le bruissement des branches ; des hommes descendent sous bois, dans différentes directions ; bientôt quatre-vingt-huit affiliés se trouvent réunis au fond de l'entonnoir. Une discussion préparatoire s'engage, elle n'est ni longue ni bruyante ; aussitôt des groupes se forment et vont siéger chacun dans un fourré, puis l'élection des décurions commence. Il n'y a pas là d'huissiers du palais en chaînes d'argent, pour recevoir les votes dans des urnes, non ; les bulletins sont tout simplement déposés dans des nids de mousse, et dépouillés ensuite. Les Décurions nommés, ceux-ci procèdent séance tenante à l'élection du Centurion, puis l'assemblée se sépare en silence, non toutefois sans avoir écouté un petit discours, prononcé par un des membres, monté dans les branches d'un arbre.

Les sentinelles placées aux entrées du bois, n'ayant point donné l'alarme, tout s'est passé sans alerte.

Veut-on quelque chose qui frise le tragique ?

En Puisaye, un campagnard du village de Mézilles propose de faire recevoir son fils ; on lui objecte que son fils boit et que le vin fait parler. Je réponds de lui, s'écrie le père, et je demande l'épreuve. On lui accorde six mois. Le temps de l'épreuve expiré, le père amène son fils à une réception : j'ai tenu parole dit le jeune homme, je n'ai point bu depuis six mois, vous voyez quels sacrifices on fait pour être des vôtres. Après la réception, le père s'écrie : petit ! attention, car si tu parles, c'est moi qui t'fais ton affaire ! En même temps il frappe contre terre la crosse de son fusil.

C'est le cas de dire : où diable les Brutus vont-ils se nicher ? Oui, il y avait du Brutus dans ce vieux paysan, et du Gaulois aussi.

Les enfants de Marianne prenaient la chose au sérieux dans nos campagnes, et si des vauriens comme Chenu et Delahode, pouvaient impunément, à Paris, se rire de leurs victimes, il n'eut pas fait bon à de pareils traîtres de se frotter près des paysans.

Veut-on avoir une idée de la manière dont se faisaient les communications ? Voici l'une de mes nombreuses excursions, comme délégué d'un chef-lieu de canton, près d'une commune éloignée, sur la limite de trois départements, entre Arquian (Nièvre) et Lavau (Yonne). C'était un dimanche ; un guide vient me prendre, et me fait faire près de douze kilomètres par des chemins détournés et des sentiers à travers champs. Nous entrons dans un épais taillis, nous arrivons à un endroit circulaire, couvert de plantes de tabac ; le sol noir indiquait une place où, quelques années auparavant, les charbonniers avaient fait cuire du charbon, et où les bûcherons avaient ensuite semé du tabac, pour se passer du fisc. Je suis reçu là précisément par le buraliste et par l'instituteur de la commune. Bientôt, on entend dans le lointain des coups de fusils qui se rapprochent et se multiplient. En moins d'une demi-heure, vingt-cinq à trente hommes se débarrassent de leurs fusils de chasse et de leurs carniers, et font cercle autour de nous. Je connaissais presque tous ces hommes, c'était l'élite des artisans établis dans la commune. Une collation frugale a lieu, puis la communication se fait au milieu d'un silence religieux.

On dit que la police tenait les fils de notre organisation ; voici comment elle les tenait.

Dans le salon somptueux d'un bourgeois riche, peureux, mais pas méchant, et qui avait été maire du pays nombre d'années, deux personnages questionnaient le maître du lieu, devant une belle cheminée de marbre, sur laquelle se mirait dans une glace une superbe pendule recouverte d'un globe de verre. Ces deux personnages, sorte d'ambigus entre le magistrat et l'inquisiteur, appartenaient sans doute au parquet ou à la préfecture.

Nous sommes sûrs, dit l'un d'eux, qu'il y a des sociétés secrètes dans le pays... C'est possible, répond l'ancien maire, qui jalousait le noble châtelain du village, il y a beaucoup de menées au château, et l'on dit que M. le marquis a fait une ample provision d'armes et de munitions.,. — Oh! il ne s'agit point des menées de l'aristocratie, mais de celles du peuple. — Quant à cela, je voudrais le voir pour le croire, réplique le bon bourgeois, prêt à se porter fort de l'esprit paisible des habitants, ou bien j'en voudrais quelque preuve. — Des preuves!... c'est facile à dire... c'est justement ce que nous cherchons.

Pourtant, rien n'était plus aisé que de découvrir quelque chose, car si ces malins personnages avaient eu le nez plus long et un peu moins crochu, ils auraient pu trouver à portée de leurs mains, dans le soubassement de la pendule qui ornait la cheminée, des objets susceptibles de les mettre sur la voie.

Dormez donc tranquilles, réactionnaires, quand vos serviteurs songent et travaillent à leur émancipation sociale !

Deux mots sur la question d'argent.

Délier les cordons de notre bourse, n'est pas notre vertu favorite, je l'avoue humblement ; mais notre labeur quotidien est si pénible et si peu rétribué, que souvent nous aimons mieux sacrifier nos personnes que nos quelques sous.

Un fait entre mille donnera une idée de l'empressement avec lequel se payaient les cotisations ; il s'agissait d'une souscription extraordinaire pour une mission au chef-lieu du département. Un dimanche matin de novembre 1851, je rencontre un bûcheron-journalier nommé Dufour : citoyen Rémi, me dit-il, voulez-vous remettre ma cotisation au caissier, voici quatre sous ; je ne boirai pas ma chopine aujourd'hui... Cet homme avait une femme et trois enfants ; en hiver il gagnait à peine vingt sous par jour dans les bois..

De ma vie je n'oublierai cette rencontre et l'air de joyeuse abnégation de Dufour, lorsqu'il ajouta : « citoyen, pour la bonne cause, je donnerai mon dernier sou ! » Ah! si l'évangile du Christ parle si haut de l'obole de la pauvre veuve, l'évangile de justice ne doit point oublier non plus de louer le sacrifice des humbles.

Je ne m'étendrai pas davantage sur ces mille petits incidents qui arrivaient journellement dans les pays

travaillés par la Marianne. C'est assez d'ailleurs pour
faire la lumière. Quittons donc le côté en quelque
sorte matériel de la société, et occupons-nous un peu
de son influence morale.

VI.

La mission dévolue à la Marianne ne consistait pas
seulement à faire de la propagande d'action, elle ten-
dait aussi et travaillait activement à réformer les
mœurs. Là, elle trouvait pour s'exercer, un vaste
champ en jachère, semé de ronces et d'épines.

Dans un monde où rien n'est à sa place, où tout est
antagonisme et contradiction, où les plus petits intérêts sont divisés, où existe la concurrence du travail
entre les ouvriers, et celles des pratiques entre les
commerçants, où les préjugés religieux restent debout
et tenaces, où, en un mot, l'éducation politique et sociale manque complètement ; il y avait, on le sent
bien, ample besogne pour aplanir les difficultés, apai-
ser les querelles et les dissensions personnelles, tenter
l'accord des intérêts, et arriver, par l'ascendant ami-
cal, à constituer une société de bon voisinage.

Cette mission morale, que le prêtre et le juge de
paix sont payés pour remplir et ne remplissent pas, les
enfants de Marianne s'en acquittaient gratuitement et
secrètement encore.

Qu'on juge des obstacles rencontrés à chaque pas,
au milieu de ce dédale de plaidoyers dans l'ombre,
dans ces fonctions secrètes de la justice de paix. Malgré toutes ces difficultés, les enfants de Marianne sont
encore fiers aujourd'hui du résultat de leurs efforts.

Si, dans les hautes classes, on voyait se continuer
le pernicieux exemple de mœurs hypocrites et dissso-
lues, dans les régions inférieures, au contraire, un

changement s'opérait non-seulement au fond, mais aussi à la surface.

Les mauvais ménages diminuaient.

Le dimanche, si le cabaret ne chômait pas, on s'y grisait moins.

Les disputes et les rivalités disparaissaient.

Les conscrits, à l'occasion du tirage au canton, ne se battaient plus comme auparavant entre communes ; ils marchaient sous le même drapeau et s'asseyaient fraternellement au même banquet.

Les batailles aux foires, entre jeunes gens de divers cantons, avaient cessé ; elles n'ont recommencé que dans les dernières années de l'empire.

Les petits procès, qui ordinairement ont lieu pour des vétilles, s'arrangeaient peu à peu ; quelques années plus tard, le temple de la justice n'eut été hanté que par des réactionnaires.

Les œuvres fraternelles se multipliaient de plus en plus. On n'a pas oublié les actes de désintéressement enregistrés par les journaux du temps. Tel paysan malade avait eu son pré fauché par ses amis Tel vigneron indisposé avait eu sa vigne vendangée. Tel cultivateur, son champ cultivé.

Partie des souscriptions se dépensaient en bonnes œuvres, soit à payer les médicaments et le médecin, pour les déshérités, soit à couvrir les frais d'enterrement. Telle veuve, non-seulement n'avait point à payer les funérailles de son mari, mais encore recevait pour elle-même le reliquat de la souscription.

Le convoi d'un pauvre journalier était souvent suivi d'un assez grand nombre d'artisans qui, recueillis, chapeau bas, suivaient la bière en silence. C'est ainsi qu'a été accompagné mon ami Durville, le bûcheron. Jeune homme actif, dévoué, intelligent, sa mort nous a privé d'un excellent républicain. L'effet de ces simples enterrements était grand sur l'esprit de la bourgeoisie réactionnaire, qui n'y comprenait rien, et qui se demandait quel lien mystérieux pouvait exister entre cet humble bûcheron et les meilleurs artisans du pays.

PERSONNEL. — Si je parle du personnel de la société, ce n'est pas, à l'exemple de tant de mauvaises causes, pour légitimer la nôtre qui était sacrée entre toutes, mais pour donner une idée de la force d'action de la Marianne.

Ce personnel variait selon les pays ; pour s'en rendre compte, il suffira de savoir que parmi le groupe qui m'a reçu au fond des bois, se trouvait le fils d'un ancien juge de paix, un ex-officier de l'armée mort depuis en Afrique, un aubergiste, un cordonnier retiré, vivant de ses quinze cents francs de rente, et membre du conseil municipal.

Parmi ceux qui ont été reçus en ma présence, il y avait un notaire, un avoué, un huissier, un médecin, un vétérinaire, un représentant du peuple, des membres du tribunal de commerce, un propriétaire-fermier, deux laboureurs, un chef de bataillon de la garde nationale, beaucoup d'officiers, un membre de la légion d'honneur, deux maîtres d'écoles, un commis-voyageur, etc.. La masse se composait d'artisans, limonadiers, aubergistes, cabaretiers, ouvriers, journaliers, bûcherons, marchands, etc. Tout naturellement dans les pays vignobles, il y avait des vignerons ; dans les pays de marine, des mariniers ; dans les pays de carrières, des carriers, etc. Je ne parle pas de l'armée qui commençait à se laisser embaucher assez facilement ; il y avait même des chantres de paroisse et des bedeaux. — Des bedeaux ! va-t-on s'écrier, et pourquoi faire ? — Vous ne devinez pas ? Marianne était prévoyante, elle voulait éviter à ses enfants la peine de briser la porte des clochers pour sonner le tocsin en cas d'alarme. En décembre 1851, ces bedeaux-là, clés en main, étaient à leur poste.

DOCTRINES. — Parmi nous il y avait des phalanstériens, des icariens, des socialistes, des indépendants, des républicains modérés ; enfin toutes les nuances y étaient représentées, depuis le rose pâle jusqu'au rouge cramoisi. C'était, dira-t-on, la tour de Babel ; tour si l'on veut, mais c'était une tour qui se construisait pour la défense de la République. On ne s'y livrait à aucune discussion théorique, et l'on ne comprenait rien aux querelles des chefs d'école. La masse s'inquiétait fort peu de systèmes qu'elle ne connaissait pas. Ne fallait-il point d'abord s'assurer de la possession du champ, avant de se diviser sur les meilleurs moyens de culture ? Nous sentions tous que le plus pressé c'était de sauver la République ; le paysan intelligent le pensait aussi, car il en était arrivé à comprendre que la République progressive est le seul gouvernement susceptible d'améliorer peu à peu, mais sincèrement et d'une manière durable, la misérable condition du peuple, de lui procurer le bien-être par un travail assuré, facile et rémunérateur, enfin de l'élever au rang suprême d'homme et de citoyen, par l'instruction et l'éducation démocratique. Les enfants de Marianne, unis dans une même pensée, faisaient la leçon aux journalistes de Paris et aux chefs d'école.

Dans certaines réunions, les plus enthousiastes apportaient les images de leurs saints. C'étaient le plus souvent les portraits de Ledru-Rollin, Barbès, Victor Hugo, Louis Blanc ; mais cela n'excitait aucune querelle de personnes.

ACCUSATION. — On a reproché aux sociétés secrètes d'être des engins de police.

Cette accusation peut être fondée pour les grandes villes, où les sociétés secrètes organisées depuis long-temps, débandées, réformées, etc., se recrutaient de vieux éléments dépourvus de la sève nouvelle, et parmi lesquels pouvaient facilement se glisser de ces roués de tous les régimes, dont le vil métier est de vivre de délation.

Dans les campagnes, il n'en pouvait être ainsi, tout le monde se connaît, on est ami d'enfance, les ivrognes et les fainéants sont montrés au doigt ; un traître serait une monstruosité. Oh non ! le grand œuvre de résis-tance n'était point une machination de la police. Il lui est facile dans la capitale de jouer au complot et de compromettre quelques citoyens ; mais dans les petits pays, la police est maladroite et ne peut mettre le nez nulle part sans laisser passer le bout de l'oreille, et sans être dépistée ; j'ignore ce qui se passait au loin, mais dans nos campagnes du Morvan et de la Puisaye les enfants de Marianne, choisis soigneusement parmi les hommes intelligents, et surtout en dehors des ivrognes et des fainéants, étaient pleins de cœur, d'énergie et de dévouement ; neufs en politique, ils étaient con-fiants, et prêts à suivre leurs chefs au bout du monde ; quant aux traîtres, ils n'auraient pu échapper.

Regardons de plus près.

Pour tant de réunions nocturnes qui avaient lieu chaque mois dans différentes parties du territoire, sur combien la police a-t-elle mis la main ? Et pourtant, ce n'est pas faute d'être en alerte, car elle était sur les dents jour et nuit.

Un fait plus concluant encore.

Des descentes de justice ont eu lieu de tous côtés,

des recherches réitérées ont été faites pour découvrir les munitions. On pratiquait des trous dans les murs et les planchers des maisons, on fouillait les caves, on retournait les jardins, on poussait la sottise jusqu'à vider les réservoirs et les viviers soupçonnés d'être transformés en arsenaux révolutionnaires. Qu'a-t-on trouvé ? — Rien. Et cependant la société était pourvue de tout, ni les balles ni la poudre ne manquaient. Dans beaucoup de pays, il y avait des cachettes de munitions en plein vent et même en pleine rue. Nous avions un moulin à eau pour pulvériser le charbon, et quantité de moules à balles.

Un jour, un sociétaire avait des matières premières à mener chez un ami, pour fabriquer de la poudre: il les charge sur une brouette, et les recouvre adroitement d'une pièce de toile ; c'était lourd, surtout pour monter le pont. Il rencontra un brave gendarme qui lui dit : diantre, vous avez de bons muscles. Je gage, répondit le sociétaire, que vous n'êtes point capable de rouler ma brouette jusqu'au haut de la montée. Le pilier de l'ordre, pour montrer sa force, s'attela aussitôt à la brouette, et en un clin d'œil la roula au sommet du pont. Je le répète, la police avait tous les jours le nez sur nos munitions, et si elle ne les a jamais éventées, c'est qu'elle n'était point dans le secret.

L'épisode suivant, qui amusa beaucoup les habitants de la Puisaye à cette époque, montre jusqu'à quel point, la Marianne se jouait de la police.

Pour se populariser, le marquis de Boisgelin avait fait élever une fontaine monumentale à Saint-Fargeau, sur la place de la République, en face de la rue Jacques-Cœur. Il manquait un couronnement à cette fontaine. A défaut d'une statue de Lepelletier, le marquis la fit surmonter d'un beau vase de marbre blanc, d'un mètre de hauteur.

Oh! habitants ingrats et taquins. Un noble généreux vous fait cadeau d'un vase sans tache, d'un vase immaculé, et pendant les ténèbres vous en faites un vase démagogique, un vase rouge!

L'urne avait changé de toilette à la faveur de la nuit: le matin elle s'était montrée en robe écarlate. Par quel miracle, avait-elle pris ce bain de vermillon?

Les trembleurs en frémirent, et la réaction, blème de colère, voulut punir un pareil forfait.

Une descente de justice fut ordonnée; le procureur de la République et le juge d'instruction de Joigny, firent, bride abattue, cinquante kilomètres, pour se rendre sur les lieux, accompagnés de plusieurs brigades de gendarmerie, requises en route. Saint-Fargeau était comme en état de siége. On procède à une enquête sévère; gare les coupables! beaucoup de témoins sont entendus, mais sans le moindre résultat.

L'urne est grattée, frottée, lavée, remise à neuf. Oh! désespoir; quinze jours après, par une aurore magnifique, elle se réveille de nouveau dans sa robe de cardinal. Cette fois la réaction éclate, la justice rivalisant avec le vase, se fâche toute rouge, et jure ses grands dieux qu'elle découvrira les coupables; on ne se jouera pas une seconde fois, de l'autorité judiciaire, de la police et de la force publique.... Nouvelle enquête, nouveaux gendarmes, nouvelles visites domiciliaires; les marchands d'huile, d'ocre et de peinture, les possesseurs d'échelles, enfin cent témoins sont entendus. Peine perdue, la réaction en est pour ses frais, on ne sut rien, on ne découvrit rien. La police avait affaire à de malins campagnards; elle voulut mettre son nez dans le rouge, et elle y perdit son latin et ses lunettes, et pourtant, je l'affirme, au moment de la seconde enquête, plus de quatre-vingts habitants du pays savaient le mystère. Deux infirmes, l'un boiteux et l'autre presque aveugle, étaient les auteurs de cette espièglerie.

VII.

Bᴜᴛ ᴅᴇ ʟᴀ Sᴏᴄɪᴇ́ᴛᴇ́. — La Marianne n'était point une société d'attaque, mais bien une société de résistance. Sous la royauté, les sociétés secrètes avaient pour but le renversement du gouvernement ; sous la République, c'était tout le contraire. Les rôles ainsi intervertis, la Marianne n'était autre, en réalité, qu'une société conservatrice.

Son double but était : 1° la défense de la République, si Bonaparte, traître à son serment, violait la Constitution ; 2° le triomphe de la démocratie aux futures élections, en l'absence de Coup d'Etat. Avec un gouvernement libéral, la société pouvait avouer hautement son but honorable et procéder au grand jour. En face de la conspiration impérialiste, elle était forcée d'agir secrètement, pour éviter les poursuites et la prison ; mais son rôle n'en était pas moins constitutionnel et légal au fond, puisqu'il s'agissait pour elle, de défendre la loi du pays, et de s'opposer à toute violation du pacte social.

En cas d'atteinte à la Constitution, l'opinion générale était pour la résistance ; toutefois, on comptait que Paris et le Nord seraient organisés à temps.

Dans quelques localités on était plus pressé, on voulait aller de l'avant et prévenir le crime de Décembre. C'eut été bien, avec une organisation complète ; mais avec Paris découvert, c'était une faute, et l'avortement de Sancerre a prouvé aux cœurs ardents qu'ils se trompaient.

Beaucoup d'affiliés, au contraire, ne songeaient guère à une prise d'armes; ils espéraient que les élections de mai arriveraient sans encombre, que par l'influence de la société, nous aurions une majorité franchement républicaine, et qu'alors la Marianne n'aurait plus de raisons d'être.

Ainsi, sans le Coup d'Etat, les élections avaient lieu régulièrement, la République était implantée en France, nos voisins faisaient comme nous et restaient nos amis et nos alliés, le progrès suivait son cours naturel, le pays n'était point abâtardi par l'influence pernicieuse des jésuites et du bas empire. La France ne s'endettait pas de douze milliards, et l'humiliation et le démembrement lui étaient épargnés.

Personne ne peut donc nier que la Marianne avait vu clair et juste; six mois plus tard, elle aurait pu empêcher bien des maux et de terribles désastres.

La société était-elle prête au Coup d'Etat? non !

A cette époque néfaste, la Marianne était loin d'avoir achevé son œuvre d'organisation. Son réseau ne couvrait pas encore les provinces du Nord-Est, du Nord et du Nord-Ouest, ni Paris, ni ses environs. Au centre de la France la société s'arrêtait à la Côte-d'Or l'Yonne était à peine entamé, puisqu'Auxerre comptait au plus quarante membres, et Joigny quinze.

Dans le Loiret il y avait un bon commencement, mais, c'était tout; en quelques mois les membres de l'arrondissement de Gien se comptaient par centaines, il est vrai, mais les villes du val de la Loire, n'avaient encore que leur avant-garde; un noyau venait d'être formé à Orléans; Montargis était un peu plus avancé dans le Loir-et-Cher, on commençait à tâter Blois ; si l'Indre s'organisait activement et même trop ouvertement, il n'y avait rien encore dans Indre-et-Loire. Tours et Angers n'avaient reçu aucune communication. On était sur le point d'envoyer des émissaires à Nantes, afin de procéder aussi de là en remontant la Loire ; mais décembre est arrivé.

Au sud de cette ligne, la Marianne avait fait de grands progrès et ses cadres étaient complets dans plusieurs départements. Il y avait des cantons où les affiliés se comptaient par centaines. Au Nord, au contraire, tout était à faire.

Nous espérions pouvoir compter prochainement :

1° Sur un comité d'action, composé de républicains les plus dévoués, et les plus éprouvés de la Montagne, en rapport avec les proscrits les plus influents ;

2° Sur un second comité encore plus secret que le premier, pris en dehors des représentants et devant remplacer ceux-ci, s'ils étaient arrêtés ou dans l'impossibilité d'agir ;

3° Sur un corps de quelques milliers de volontaires républicains formés des ouvriers démocrates de Paris qui, sans être affiliés, devaient néanmoins toujours être prêts à défendre quand même la République.

Quant à nous, campagnards, au premier appel de Paris, nous devions nous jeter en masse sur les préfectures, former un cordon autour de la capitale et empêcher toute communication entre celle-ci et le reste de la France.

Six mois plus tard la chose était possible.

Afin de pousser l'organisation vers la capitale, et de relier le Nord au Midi, il fut résolu d'envoyer un émissaire à Paris, et même à Londres. C'était au mois de septembre 1851. Je fus choisi pour cette mission.

Neuf cantons de quatre différents départements, ouvrirent une souscription à cinq centimes par membre. Ce groupe de cantons était formé de Toucy, Saint-Sauveur, Saint-Fargeau et Bléneau (Yonne), Châtillon-sur-Loire, Briare, Gien, Châtillon-sur-Loing (Loiret), Saint-Amand (Nièvre) et quelques communes du Cher.

A Paris, je découvris des tronçons de sociétés pour la défense de la République ; mais je ne trouvai rien de puissant, et surtout rien de commun avec la Marianne. Quelques membres de la Montagne seulement, reçus en province, faisaient partie de la société ; aucun comité d'action n'était organisé.

A Londres, je vis les principaux membres de la proscription et Schœlcher, qui s'y trouvait par hasard en mission. Ledru-Rollin demeurait alors vers Richmond, à vingt-quatre kilomètres de Londres ; je me rendis chez lui en omnibus, accompagné de Cœurderoy, jeune médecin de Tonnerre, que son ardeur politique avait jeté de bonne heure en exil. Ledru-Rollin était au courant de notre organisation, et recevait des communications de la société ; il était prêt à appuyer le mouvement. Alerte ! me dit le puissant tribun, il n'y a pas une minute à perdre, Bonaparte veut être empereur, son serment ne l'arrêtera point, il faut que la capitale soit reliée à la province assez tôt, car si Paris n'est pas à même de donner le mot d'ordre à l'heure suprême, la République sera renversée et remplacée par le despotisme militaire. Delescluze, présent à la conversation, était du même avis.

A mon retour dans l'Yonne, la société redoubla de zèle, et fit des progrès rapides pendant deux mois.

Que faisait Paris pendant ce temps ? La capitale s'apprêtait-elle comme la province à résister au coup d'Etat ? Hélas non ! La démocratie parisienne, décimée à l'insurrection de juin, n'avait pas encore repris haleine, et les ouvriers paraissaient assez indifférents au résultat.

Dans la *Presse*, M. de Girardin parlait ainsi : « Un coup d'Etat ! Mais c'est une idée ridicule ; si Bonaparte violait la Const'tution, tout le monde se mettrait aux fenêtres et lui rirait au nez ; d'ailleurs n'avons-nous pas le refus de l'impôt ! M. de Girardin passait pour un sage ; il n'était qu'aveugle. Marianne voyait plus clair.

Miot, notre représentant Miot, le confident de Plon-Plon, au contraire, criait sur les toits, qu'un de ces quatre matins, le conspirateur de Strasbourg et de Boulogne ferait un Coup d'Etat.

Miot passait pour fou, et il est allé expier sa folie au fond des déserts de l'Afrique, dans le voisinage des lions et des chacals.

Cependant nous touchions à décembre, et notre œuvre, quoique formidable sous le rapport du nombre, était loin d'être achevée ; elle ressemblait à une locomotive en cours d'exécution. Les mailles de notre réseau étaient encore à trente lieues de Paris lorsque éclata le Coup d'Etat.

VIII.

Avant de parler du drame horrible de Décembre, de l'assassinat de la République par le parjure Bonaparte, drame que Victor Hugo a flagellé dans l'*Histoire d'un Crime*, il n'est pas sans intérêt de rappeler l'état des esprits dans nos campagnes, avant la nuit fatale.

Depuis 1848, à la ville comme aux champs, le calme régnait assurément. La République, en prenant

la place de la royauté bourgeoise, n'avait causé aucun bouleversement. Les mœurs tranquilles du règne
de Louis-Philippe n'avaient point préparé la nation à
une lutte fratricide, et les paysans inoffensifs n'avaient
menacé personne. Nobles, bourgeois, prêtres, ouvriers, campagnards, tout le monde vivait en bonne
intelligence; de toutes parts on entendait dire : il
n'y a plus d'autre gouvernement possible, et personne ne songeait alors à faire obstacle aux nouvelles
institutions.

Riches et modérés s'écriaient: c'est le doigt de Dieu ;
de futures notabilités bonapartistes chantaient la
Marseilloise en parcourant les rues. Pompiers et
gardes nationaux fraternisaient dans des banquets
communs.

A l'annonce du vingt-quatre Février, le château de
Lepelletier-Saint-Fargeau ne fit point remplacer les
girouettes de ses tours par le bonnet rouge, comme en
quatre-vingt-treize, c'est vrai, mais il ne fut pris
d'aucun accès de terreur; il sembla même si peu effa-
rouché, qu'il rivalisa avec la bourgeoisie dans ses dé-
monstrations républicaines.

Le marquis de Boisgelin, mari de la petite-fille du
fameux conventionnel régicide, offrit sur le champ
des arbres de liberté. La livrée de ses domestiques
fut immédiatement remplacée par des tuniques unies
et des pantalons à liseré rouge. Messieurs les va-
lets faisaient l'effet de gardes nationaux servant à
table.

Dans son uniforme de simple grenadier, le marquis,
ancien garde du corps de Charles X, faisait au poste
de la propagande républicaine. « Rangeons nous tous
sous le drapeau de la République » c'était sa phrase
favorite. Sa fierté avait baissé pavillon, et il parlait

volontiers à l'ouvrier. Un jour, dans la salle de la mairie, il me prend par le bras et me dit : « Vous, Rémi, vous êtes socialiste, mais en théorie seulement, moi je veux l'être en pratique. »

« Je vais établir une école gratuite pour les petites filles. »

« Je vais monter un restaurant sociétaire, où les ouvriers trouveront un bon bouillon, et de bon bouilli à vingt centimes.

« Je vais faire élever une fontaine monumentale sur la place, etc. »

Qui ne se serait pas laissé prendre à de telles paroles ?

A la bénédiction des arbres de la liberté, municipaux, pompiers, gardes nationaux marchaient en procession, et formaient un cercle autour de chaque arbre ; puis le curé, après avoir chanté trois fois le *Domine salvam fac Rempublicam*, ajoutait : « Eh bien ! mes amis, êtes-vous contents de moi ? »

Et la bénédiction du drapeau ! Je vois encore feu notre chef de bataillon, ancien maire et plus tard décoré de l'empire, monter solennellement les degrés du maître-autel, recevoir sur la joue l'accolade du prêtre, et dans les mains l'étendard bénit, puis rejoindre sa milice au roulement du tambour.

Au même instant, à Paris, sur la place de la Concorde, le curé de la Madeleine, bénissait l'acte constitutionnel, au bruit du canon. Partout, ce n'était que bénédiction !

Je crois encore être en 1851, au *Te Deum*, chanté en l'honneur du 24 février, et entendre le formidable cri de Vive la République ! poussé trois fois dans l'église, par le Conseil municipal, les pompiers et la garde nationale.

Le vicomte de Vergennes, capitaine de la deuxième compagnie, quand il allait à Frohsdorff, me confiait son commandement, à moi son lieutenant. Nous devions jouir d'un grand calme, pour voir ainsi un noble de vieille roche, se fier à un démocrate ; le fait est que nous vivions tous dans une parfaite quiétude.

Nobles, bourgeois et socialistes se traitaient en amis, et dînaient assez souvent à la même table. Aristocratie et bourgeoisie, jouaient de concert la comédie au théâtre du château ; bourgeois et prolétaires, donnaient ensemble des représentations sur la scène de la mairie, et les pauvres s'en réjouissaient.

Les démocrates les plus fougueux, à cette époque, ne refusaient point d'entrer à l'église, les aspirations les plus hardies étaient basées sur l'évangile, et le curé, pour embellir son temple, s'adressait à un centurion de la Marianne. Si l'on parlait d'élever une statue à Michel-Lepelletier, cela se passait dans les profondeurs du Conseil municipal.

Les brochures de la rue de Poitiers cherchaient, il est vrai, à nous faire peur des partageux et des communistes ; mais nous ne considérions comme tels que le juge de paix, le curé, le vicaire, le percepteur, le directeur de la poste, les employés des droits réunis, les buralistes, les cantonniers, les gendarmes, le garde-champêtre, etc., tous fonctionnaires vivant sur la communauté. Un jour même un jeune artiste républicain avait croqué ces Messieurs, non avec des dents d'ogre, mais avec un crayon spirituel ; ils étaient représentés, dansant en rond autour de l'arbre de la liberté, et chantant en chœur :

« Nourris par la patrie !
« Nourris par la patrie !
« C'est le sort le plus beau, le plus digne d'envie ! » (bis.)

Nous vivions donc tous tranquillement sous les lois de la République, et notre maire, ancien ouvrier, était si débonnaire, qu'il aurait reçu avec la plus parfaite indifférence, toutes les nouvelles constitutions, qu'il eut plu à M. le Préfet de lui adresser.

Nous étions devenus de vrais satisfaits. La France ressemblait à un pays de Cocagne, à un véritable royaume d'Yvetot. Il n'y avait pas de place pour le mécontentement ; le pain et le vin étaient à bon marché, les denrées abondantes ; loin de nous menacer, l'étranger nous respectait, et comme le rappelait le *Réveil* du 5 août 1868.

« ......La République surgissait radieuse des débris
« du trône abattu, le suffrage universel nous était
« apparu comme le symbole éclatant de la souverai-
« neté, le gage assuré des destinées de la patrie. Tout
« était libre alors, pensée, parole, action.... »

Selon nous, le char du progrès était enfin placé sur sa véritable voie, et il n'y avait plus qu'à pousser tout doucement à la roue, pour obtenir la réforme des abus, héritage du passé ; toutefois, nous comptions sans notre hôte, car la réaction ne l'entendait point ainsi, la liberté était sa bête noire. Revenue de sa première surprise, elle se remit à l'œuvre et fomenta la division entre les citoyens. Les patriotes les plus purs et les plus éprouvés furent l'objet de ses insinuations perfides. Elle sut si bien calomnier, aveugler les uns et effrayer les autres, que la nation se trouva fourvoyée, et le traître en profita.

IX.

Quel réveil affreux ! Une nuit de décembre, nous apprenons le coup d'Etat, l'arrestation des députés et de plusieurs généraux, l'effraction de la banque par ordre de Bonaparte, le massacre de trois mille personnes inoffensives sur les boulevards, l'état de siége, les arrestations, etc.

Le message verbal que j'ai reçu à minuit nous disait : c'est fini, Paris s'est laissé museler, la résistance partielle de la province ne saurait aboutir maintenant.....

Ce message était accablant, il décourageait toute levée de bouclier. La province avait compté que la capitale résisterait au moins quelques jours, et la résistance n'avait point été sérieuse ! Cependant ces tristes nouvelles n'étaient pas connues de tous, et à l'annonce du coup d'Etat, la société s'était mise en mouvement sur plusieurs points. Saint-Sauveur, en pleine foire, avait pris les armes et était parti au chant de *la Marseillaise* ; Toucy, qui avait encore peu d'adhérents, n'était point resté en arrière, et quelques compagnies d'infanterie, accourues à marches forcées d'Auxerre, avaient fait le coup de feu contre les défenseurs de la loi. A Clamecy, la réaction commettait des horreurs. A Bonny et Briare, on était sur le qui-vive ! Gien était en mouvement, et Montargis était aux prises avec des escadrons de hussards venus d'Orléans. Afin de relier le mouvement de la Puisaye à l'Yonne d'un côté et au Loiret de l'autre, je m'étais transporté en toute hâte à Toucy d'abord ; aux portes de la ville, j'appris par le citoyen Duguyot ce qui s'était passé ; de là, j'accourus à Bonny, à quarante kilomètres de Toucy ; les patriotes étaient à leur poste et fondaient des balles. C'est en allant à Bonny, que j'ai lu une lettre que M. de Vatimesnil, alors prisonnier, écrivait de Paris à son régisseur ; cette lettre était toute une révélation, et ne laissait plus d'espoir. Je fis part de mes impressions aux amis. Si Paris avait tenu, me dirent-ils, un messager à cheval serait allé vous avertir du mouvement d'ensemble. Ici nous sommes menacés, mais si l'on nous attaque, nous nous défendrons ; en effet, le lendemain, les gendarmes voulurent arrêter les patriotes, Bonny se soulevait, et Denizot, le plus volumineux des gendarmes de France, tombait frappé par une balle républicaine.

Le même jour, un corps formidable de douze jeunes cavaliers, envahissait notre petite ville ; venus au galop de Joigny, ils étaient tellement éreintés, qu'un cheval tomba de fatigue. Si la résistance eut été utile, cette faible escouade n'eut jamais réussi à traverser les bois.

Nous regardions sans défiance cette douzaine de soldats imberbes, rangés en bataille sur la place publique. Nous ne comprenions pas encore. Bientôt nous apprenons que le chef de cette grande armée, en qualité de commandant de place, sous l'état de siége, s'était substitué à l'autorité du maire, et avait établi son quartier général au château. Toute la ville s'émeut, et bientôt on entendit cette parole équivoque : « Que les bons se rassurent, et que les méchants tremblent ! »

Nous commençons à respirer, car dans notre esprit, nous étions les bons. Nous n'avions fait aucun mal. Soyons tous républicains, nous avaient dit les notables ; selon leurs conseils, nous avions propagé les nouveaux principes ; nous étions en République, et la Constitution était confiée à notre garde. La légalité et le droit étaient de notre côté, ceux qui attaquaient les défenseurs du pacte social foulaient la loi aux pieds ; les sbires de Bonaparte étaient des parjures et des insurgés.

Les arrestations commencées depuis six semaines, recommencèrent le soir même, et continuèrent pendant plusieurs nuits. De petits détachements de cavaliers furent dépêchés du côté de Bléneau, pour procéder aux arrestations dans cette localité. Que de familles jetées dans la désolation par les protecteurs de la famille ; que d'heures passées dans les angoisses et dans les larmes. Les citoyens les plus dévoués, les plus intelligents, enchaînés sur des charrettes comme des malfaiteurs, et conduits en prison à Auxerre, à Joigny, à Gien, etc., sous les menaces et les insultes d'une soldatesque ignorante et brutale ! Toutes les classes de la société se trouvaient confondues dans la même réprobation, le millionnaire libéral comme le prolétaire démocrate.

Victor Hugo, dans son histoire émouvante d'un Crime, raconte les horreurs du coup d'Etat à Paris ; d'autres écrivains nous ont donné le récit des persécutions en province, et le tableau effrayant des républicains fusillés, emprisonnés, transportés, déportés, proscrits, exilés, etc.

Il faudrait un bien gros volume pour raconter en partie les persécutions de toutes sortes, et les souffrances inouïes endurées par les enfants de Marianne ; c'est un long et terrible chapitre à ajouter au martyrologe des défenseurs de la liberté. Après trente ans, qui a pu oublier ces charretées de braves et honnêtes citoyens garrottés, enchaînés comme de vils scélérats, accolés à des voleurs, insultés, maltraités, emprisonnés, couchés sur la pierre ou sur la paille humide, en attendant les bagnes d'Afrique, les pontons ou la guillotine sèche de Cayenne.

Quelques-unes de ces horreurs ont été racontées, mais ce qui n'a pas été dit, ce sont les souffrances des

malheureux campagnards, poursuivis et traqués comme
des bêtes fauves, par des soudards impitoyables. Des
infortunés ont passé tout l'hiver à courir les bois d'un
endroit à l'autre, pour éviter les gendarmes et leurs
chiens. Les loges des charbonniers, les arbres même
leur servaient de refuge pendant la nuit; le jour ils
piétinaient dans la neige.

Cette fois, c'était bien le peuple qui souffrait pour la
République. Que de milliers de paysans, les plus intelligents parmi les humbles, ont alors payé leur
dette à la cause sacrée du progrès. Des laboureurs
transportés à Cayenne ! Cela ne pouvait se voir que
sous un Bonaparte.

Les persécutions du coup d'Etat nous ont fait reculer
de plusieurs siècles ; les fous du parti de la peur étaient
devenus furieux. Voici un petit échantillon de leurs
gentillesses.

Pour échapper à leurs poursuites, j'avais simulé un
voyage en Belgique; quelques semaines après, je suis
arrêté dans le département du Nord, et amené de brigade en brigade, à la prison de Joigny. Là, j'étais encore loin de mon pays, et personne ne me connaissait;
mais à ce qu'il paraît que ma réputation m'avait pré-
cédé jusque dans la cour de la prison, et quelle réputation ? On le devine. A peine arrivé, je suis entouré
par une bande de mauvais garnements et de mégères,
comme il s'en rencontre dans les bas fonds de la police, tous commencent à m'injurier. Le procureur de la
République avait dit : nous le tenons le fameux Rémi !
c'était assez. Les traits commencèrent à pleuvoir drus
comme grêle: canaille, brigand, rouge, partageux.
Ah ! tu voulais nous prendre ce que nous avons !....
Une harpie s'approche et me crache à la figure... Cette
scène sans nom fut interrompue par l'arrivée d'un

prisonnier, que le juge d'instruction envoyait pour me reconnaître ; ce prisonnier était un de mes amis politiques de la Puisaye. Ce n'est pas cela Rémi ! s'écriat-il aussitôt. Tableau ! En effet, ce n'était pas moi, la police avait encore fait une boulette, et le malheureux amené ainsi de brigade en brigade du département du Nord, pour être insulté si lâchement, n'était même pas un homme politique....

De semblables indignités nous rappellent le Christ maltraité et crucifié par les hommes d'ordre de son temps, elles font penser même à Aristide. En vérité, la magistrature française qui, non-contente alors de ne pas résister à la violation de la loi, s'agenouilla devant le crime victorieux, et se fit l'instrument servile des vengeances du parjure, cette magistrature nous ramena aux temps les plus sombres de notre histoire.

La réaction a été sans pitié, et a reporté la France aux dragonnades. Oui ! les républicains ont été persécutés et pourchassés comme des bêtes fauves. Ceux qui n'ont point été emprisonnés, déportés ou exilés, ont été ruinés, séparés de leur famille, ou ont perdu leur travail.

Qui aurait jamais pu comprendre et pressentir ce déchaînement de haine sans motif, cette fureur de persécution ; les républicains ont été littéralement mis en coupe réglée, par les enragés modérés.

Après tant de protestations démocratiques, tromper ainsi le peuple ! jouer la comédie pour le punir ensuite de sa confiance et de sa bonne foi ! c'est le comble de la perversité.

Etranges acteurs ! étranges complices ! et surtout étrange association. En 1815, les *Blancs* arrosaient le Midi de sang, et la guillotine, promenée de ville en ville, ne suffisait point aux rapides arrêts des cours prévôtales; que de paysans, que de nobles victimes innocentes tombèrent sous leurs coups. Que de représailles sanglantes! Une colonne de mameluks était égorgée à Marseille. Nîmes revoyait les horreurs de la Saint-Barthélemy. Trestaillon et sa bande assommaient partout, ils assassinaient le maréchal Brune, massacraient en masse dans les prisons d'Uzès. Plus de vingt généraux, à peine guéris de leurs blessures, furent exécutés après des simulacres de jugement. Ramel et Labédoyère n'échappèrent pas plus que le maréchal Ney.

Quels étaient les massacreurs? les hommes du droit divin, les cléricaux, en un mot la terreur blanche.

Et les victimes? les patriotes, les bonapartistes.

En 1851, on a vu l'alliance monstrueuse, des égorgeurs de 1815 et du parti des égorgés; les défenseurs du trône et de l'autel, ces doux chrétiens, qui à la Restauration avaient massacré les bonapartistes du premier Empire, ont fait cause commune avec les bonapartistes du Coup d'Etat, pour écraser et persécuter les républicains.

Quel fut alors l'instrument principal des vengeances de la réaction? La terreur blanche avait inventé les cours prévôtales, la terreur bonapartiste inventa les commissions mixtes de 1852. Ces tribunaux sommaires et sans appel étaient composés d'un général, d'un préfet et d'un juge qui, arbitrairement, secrètement, en l'absence de toute défense, et même sans voir les accusés, transportèrent, bannirent et emprisonnèrent des milliers et des milliers de citoyens, dénoncés par la police, les mouchards et les ennemis du peuple, comme entachés de républicanisme.

Ces commissions mixtes, de lugubre mémoire, enfin

jugées à leur tour par les honnêtes gens, furent flétries en pleine Chambre française, par un vote des députés de la République, dans la fameuse séance du 12 janvier 1877, après ces paroles aussi justes que sévères de M. Martel, garde des sceaux, ministre de la Justice.

« Nous ne perdrons jamais la mémoire du mal fait
« au pays par les commissions mixtes ; elles ont fait
« les proscriptions ; elles ont arraché des milliers
« d'innocents à leurs familles, elles ont inventé des
« peines, elles ont enlevé aux victimes tout moyen de
« se défendre, elles ont été la justice par commis-
« saires, la plus odieuse, la plus abominable des jus-
« tices. »

Qui avait pu souffler cette haine inquisitoriale contre les républicains ? Qui avait pu déchaîner ainsi cette fureur de persécution, contre de braves citoyens qui n'avaient fait aucun mal ?

La peur !

Et qui avait inspiré cette peur ?

Les hommes noirs ! au moyen de leurs menées souterraines, de leurs mensonges et de leurs calomnies. Ne l'oubliez jamais, génération nouvelle, qui, aujourd'hui, pouvez marcher tête levée en avant, le cléricalisme a été, est maintenant, et sera encore longtemps l'ennemi le plus hypocrite et le plus acharné du progrès et de la liberté.

Le seul ciment capable de ressouder ensemble les trois tronçons disloqués de la monarchie, c'est le ciment clérical. Persécuteurs d'hier, aujourd'hui les jésuites crient à la persécution, parce que la République songe enfin à établir l'égalité devant la loi, et à faire rentrer les privilégiés de la royauté dans le droit commun !

Les cléricaux ont oublié le pardon des injures, ils foulent l'évangile aux pieds et ont toujours deux poids et deux mesures. Ils ont remplacé la religion, par la passion politique et par le fanatisme ; ils ont donc perdu ce qu'ils prétendent servir et défendre, car le fanatisme, ou politique ou religieux, est la plaie de l'humanité et doit faire place à la raison et à la science.

O hommes, sans cœur et sans entrailles, qui rêvez l'extermination de vos adversaires, que les larmes des familles que vous avez ruinées et plongées dans le deuil et dans la douleur, vous soient légères !

XI.

La Marianne a-t-elle fait son devoir ?

Pour en juger, reportons-nous à la veille du Coup d'Etat.

Au mois de novembre, en prévision de ses desseins perfides, le gouvernement de Bonaparte commença à faire arrêter les républicains les plus influents de la province. Tous les prétextes étaient bons pour les sbires de l'archi-traître, et la partie n'était point égale. Les conspirateurs, qui disposaient de la force publique et de la magistrature, pouvaient impunément arrêter et emprisonner leurs adversaires, tandis que nous, partisans et défenseurs de la loi, nous ne pouvions rien contre les instruments du traître.

Le crime de Bonaparte surprit presque tout le monde, et il fut commis en décembre, saison peu propre à la résistance dans les campagnes, car la neige et le givre blanchissaient déjà la terre ; cependant à l'annonce de la fatale nouvelle, la résistance s'organisa, du moins en partie.

On connaît quelques épisodes de l'opposition que rencontra le Coup d'Etat en province. Dans les pays où les cadres de la Marianne étaient au complet, ouvriers et paysans partaient avec armes et bagages. Plusieurs colonnes se mirent en campagne, précédées d'une musique jouant la *Marseillaise* et le *Chant du Départ*. L'enthousiasme était grand ; je connais des villages où il ne resta que des vieillards et des infirmes.

L'impérieux sentiment du devoir, faisait oublier jusqu'aux liens les plus chers. Le père quittait ses enfants, le mari quittait sa femme pour voler à la défense de la sainte cause ; le fils accourait sous la bannière du droit, où il pouvait se trouver face à face avec son père, défenseur du parjure.

On n'a point oublié la lutte acharnée dans plusieurs départements, les combats livrés pendant des semaines dans le Var. Quand l'histoire de cette époque sera bien connue, on sera convaincu qu'il y avait là un levier révolutionnaire des plus formidables, et peut-être sans précédent.

La résistance a avorté, pouvait-il en être autrement? La société n'était qu'à demi organisée ; dans un grand nombre de localités il n'y a même pas eu apparence de résistance, parce qu'on attendait des ordres de Paris et que ces ordres ne sont point venus. Avec un foyer d'impulsion dans la capitale, tout le Midi et le Centre de la France se fussent levés comme un seul homme, et l'issue eut été toute différente.

Si les Parisiens, au lieu de laisser faire le Coup d'Etat, avaient pris les devants, et s'étaient organisés comme les paysans, ils n'auraient pas eu occasion plus tard de nous reprocher les mauvais votes des campagnes sous l'Empire. C'était le moment ou jamais de se montrer, de faire cause commune avec

la province, et de soutenir la République. Hélas !
l'indifférence de Paris lui a coûté cher et à la France
aussi.

En attendant que justice soit rendue aux opprimés,
je tiens essentiellement à constater ces faits que l'histoire impartiale mettra un jour en lumière.

1° Nous, persécutés, nous n'étions ni des hommes
de désordre ni des insurgés, au contraire, nous étions
des amis de la loi, des défenseurs de la Constitution,
et en 1848, nous n'avions inquiété personne.

2° Le système d'espionnage, qui a prévalu après le
Coup d'Etat, d'accord avec les allures inquisitoriales
de la réaction clérico-militaire, n'a pu que dégrader
notre caractère national, et nous a énormément nui
dans l'esprit des peuples voisins ;

3° Les institutions impériales ont arrêté l'essor de
l'initiative individuelle, et retardé de vingt ans le progrès social. Tous les cercles politiques, toutes les associations ouvrières, des centaines de sociétés coopératives, qui couvraient déjà la France, ont été dissou-
tes immédiatement par les ordres de Bonaparte ;

4° Sans le coup d'Etat, notre dette nationale n'eut
point été doublée. L'instruction publique ne fut point
tombée aux mains des jésuites ; la guerre, l'humiliation et le démembrement eussent été épargnés à notre
pays, et nos voisins, admirant notre liberté et notre
prospérité, auraient pris la République française pour
modèle et pour guide. Aujourd'hui, les Etats-Unis
d'Europe seraient probablement constitués, et la paix
assurée pour toujours.

XII.

La religion qui a fourni le plus de martyrs ici bas,
c'est celle de la liberté. Si les premiers chrétiens n'ont

point reculé devant la persécution, s'ils ont noblement confessé leur foi en présence de la mort, c'est qu'alors ces martyrs de la bonne nouvelle, travaillaient comme nous à la rédemption sociale ; aussi, pour éviter les supplices des tourmenteurs de l'humanité, c'est-à-dire des rois, des empereurs et des anciennes religions, furent-ils obligés, comme les enfants de la Marianne, de se former en société secrète, et de se réunir loin du bruit et de la lumière.

Ces temps-là sont loin de nous, et le dévouement des chrétiens de nos jours est une marchandise aussi rare que frelatée. Chateaubriand nous parle, il est vrai, de pauvres prêtres obligés de traverser la bruyère la nuit pour porter des consolations à quelque mourant. On vante très haut le dévouement des ministres de la religion qui vont, entre deux bons repas, dans une prison ou au bagne, prêcher le repentir aux criminels, et qui en sont récompensés, s'ils parviennent à faire de prétendus pieux, avec du bois de bandit.

Il n'y a là ni gendarmes, ni persécutions à craindre, et par conséquent ni désintéressement ni sacrifice.

Si le missionnaire catholique ou protestant affronte quelques dangers, sur des terres lointaines, il est envoyé par les siens, il sait que ses coreligionnaires ont l'œil sur lui, que les journaux religieux feront de la réclame en sa faveur, et exalteront ses hauts faits ; des quêtes et des collectes répétées se font pour les missions ; il part muni d'argent, avec un salaire assuré ; il est protégé par les consuls, et s'il succombe, l'Église en fait un martyr, et souvent un saint.

On chercherait en vain le dévouement à l'intérêt général, chez nos députés cléricaux. Oubliant la maxime du maître : « Rendez le bien pour le mal, » ils ne montent à la tribune que pour exciter les passions, dénon-

4

cer leurs adversaires, et servir leurs intèrêts et leur ambition.

Quant aux vils agents de la réaction, le dévouement pour eux est chose inconnue ; vendant leur conscience au plus offrant, ils disent des injures à tant la ligne ; ils espionnent et dénoncent sans répugnance, voisins, amis, parents, ils dégradent le caractère national, et sans le moindre souci, conduisent le pays aux abîmes. Les jouissances immorales, la soif du lucre, l'égoïsme satisfait, telles sont les vertus immaculées et le dévouement intéressé des instruments de la réaction.

Vous, enfants de Marianne, sans préoccupation de gain ou de renommée, vous avez sacrifié dans l'ombre, sur l'autel de la République, intérêt personnel, famille, tranquillité réputation, avenir ; vous avez risqué la prison l'exil, Cayenne, etc., vous n'avez vu qu'une chose : la défense du droit, le bien public et la crainte de malheurs futurs.

Allez ! apôtres inconnus de la rénovation sociale, vous aviez vu juste, en essayant de prévenir la dégradation, les hontes et les désastres de l'empire ; vos efforts infructueux n'auront point été sans résultat, car les germes que vous avez semés ont crû, et porteront bientôt des fruits ; l'idée républicaine fait son chemin dans les campagnes, avant peu la liberté nous secondera, et un jour l'humanité éclairée et placée sur sa base naturelle, sera reconnaissante aux enfants de Marianne, et leur saura gré de leurs efforts et de leur dévouement.

Qu'est devenue la société après le coup d'Etat ?

En vertu de son propre décret de proscription contre les membres de toutes les sociétés secrètes, Bonaparte, comme ancien carbonari, aurait dû être transporté à Cayenne, en compagnie de ses décembriseurs. Au lieu de sévir contre les traîtres, les commissions mixtes préférèrent persécuter le patriotisme et la fidélité aux convictions.

On se rappelle qu'au premier décembre, les avant-postes de la société n'étaient qu'à la hauteur d'Orléans ; décimée par les persécutions déchaînées après le coup d'Etat, la Marianne n'en vécut pas moins encore. Quelques années après, l'affaire d'Angers prouve qu'elle avait étendu ses cadres jusqu'en Bretagne. La conspiration, mise par la police sur le compte des mariannistes de Lille, indique aussi que le nord n'est point resté étranger à la société. Depuis cette époque, la Marianne a disparu peu à peu comme société ; l'individualité a remplacé la collectivité ; chaque membre, devenu à lui seul une petite société, fit de la propagande républicaine dans son entourage, de sorte que, sans être lié par un serment, sans faire partie d'une centurie, en un mot, libre de toute attache, l'ancien marianniste a pu légalement travailler dans sa sphère au triomphe de la République future.

Aujourd'hui, le secret n'est plus nécessaire, chacun peut se dire hautement républicain, et travailler en plein soleil à l'affermissement des nouvelles institutions.

En résumé, la Marianne a certainement contribué à répandre l'esprit nouveau dans les campagnes.

Elle a été une œuvre de solidarité et de moralité, chaque membre se sentant d'abord moins isolé et plus fort, craignait ensuite de commettre des actions répréhensibles aux yeux de ses camarades.

Elle eût été d'un grand secours aux élections de mai 1852.

Elle a résisté au coup d'Etat, et a prouvé une première fois que la province pouvait être l'émule de Paris dans la défense des libertés publiques. Cette résistance a été portée aux nues par les journaux du temps, et présentée alors au monde, comme une protestation à main armée du droit contre le crime.

La Marianne a fait contre-poids à la réaction jésuitico-césarienne, dont le but était de confisquer à tout jamais la liberté, et d'éteindre le flambeau de la science.

Elle contrebalança le confessionnal qui, par son guichet perfide, sème avec hypocrisie et impunité, l'ivraie dans le champ de la famille.

C'était la sentinelle aux cent mille têtes, veillant dans l'ombre avec espoir et persévérance; la protestation vivante, qui ne pactisa jamais avec l'ennemi, et qui ne transigea point avec l'empire, ce sombre échafaudage de tyrannie et de superstition, arc-bouté par l'intolérance, le génie batailleur, et la rapacité monétaire; échafaudage reposant sur la tête d'un aventurier qui, par l'astuce, la corruption et le parjure, s'était fait le geôlier des libertés publiques, le chien de garde de la réaction européenne, et la bête noire de l'espèce humaine.

Jeunes républicains des campagnes, mes amis, après 1848, nous avons lutté et combattu; vaincus, décimés et persécutés pendant vingt ans, nous n'avons jamais désespéré de l'avenir. Aujourd'hui notre constance est récompensée : légende napoléonienne et empire, tout s'est évanoui. Comme Napoléon-le-Grand, Napoléon-le-Petit est tombé, laissant la France envahie, fumante, saignante, humiliée et démembrée. Louis Bonaparte le parjure, Invasion III, est mort en exil; après Sainte-Hélène, Chislehurst.

Après Chislehurst, Zoulouland. La balle bonapartiste qui a crevé l'œil du représentant Baudin, a été le premier acte, et le coup de zagaie du Zoulou qui a crevé l'œil du prince impérial, a été le dernier acte de ce drame exécré qui a nom l'Empire. Il est donc fini.

Quant au prétendant clérical et sans lignée, quant à cette ombre épaisse de Frohsdorff, et à son cousin de Paris, si l'on en parle, c'est seulement pour mémoire.

La République française sortie du tombeau, marche à grands pas vers ses destinées.

Si nous portons nos regards du côté du Midi, vers le pays de la lumière, de la chaleur et du soleil, nous voyons l'Espagne se diriger par soubresauts vers la République.

Le pouvoir temporel n'est plus, et l'Italie marche rapidement sur la route de ses sœurs ; le Portugal et la Belgique ne tarderont pas longtemps à suivre ce noble exemple et à entraîner même la Hollande. Alors les six nouvelles républiques du Midi formeront avec la Suisse la fédération des États-Unis d'Europe, en attendant que le Nord s'ébranle à son tour.

Cette perspective éblouissante réjouit le cœur, mais pour qu'elle se réalise il faut d'abord que la France affermisse pour toujours ses institutions républicaines, et qu'elle relève le peuple par l'instruction, la virilité, le bien-être et la dignité.

Jeunes paysans démocrates, nous sommes vieux, vous êtes jeunes, à vous la nouvelle tâche. Peut-être aurez-vous aussi vos épreuves, dans ce cas, comme les enfants de Marianne, ne désespérez jamais du progrès. Plus n'est besoin de sociétés secrètes ; vous n'avez rien à cacher de vos principes, qui découlent de la justice. Portez donc fièrement et ouvertement votre drapeau.

Instruisez-vous, c'est l'instruction qui vous donnera

la clé des problèmes sociaux de l'avenir, si cette instruction est simplifiée, rationnelle et démocratique.
Cette tâche incombe au gouvernement, de qui nous
attendons l'unité de législature, la séparation de l'E-
glise et de l'Etat, les banques populaires, la réforme
du calendrier, l'assurance substituée à l'impôt, et les
libertés publiques qui nous manquent encore. Mines,
chemins de fer, canaux, quoi qu'on en dise, devront
faire retour à la nation. De son côté, l'initiative individuelle ou collective, communale ou départementale
aura sa part dans la rénovation sociale. — Substitu-
tion des fêtes communales aux fêtes patronales;
réforme par les corporations des fêtes ouvrières. Sa-
crements dans la famille, conférences du dimanche et
réunions attractives, en remplacement de l'ancien
culte idolâtre. Associations de secours mutuels, sociétés coopératives de consommation et de produc-
tion, etc.

En vous instruisant, jeunes républicains des campagnes, moralisez-vous, propagez le dévouement mu-
tuel, aidez-vous les uns les autres, et enfin votez toujours pour les amis du peuple, c'est là toute la loi et
les prophètes; votez pour des représentants qui, ins-
pirés par les souffrances du prolétaire, travaillent à
adoucir et à faire disparaître graduellement tous les
maux qui nous accablent, pour fonder à jamais le
règne prospère et heureux qui a nom : paix, science,
liberté, justice et fraternité.

www.ingramcontent.com/pod-product-compliance
Lightning Source LLC
LaVergne TN
LVHW022034080426
835513LV00009B/1036